STILL BOY

SE OK °세옥

패션 그래픽 디자이너

일러스트레이터

프로육아러

긴급출동 아내 5분 대기조

친구인 듯 친구 아닌 친구 같은 아빠

동네 흔한 남자 사람

STILL BOY

of the still boy, by the still boy, for the still boy

SE OK

INTRODUCTION

어릴 적에는 TV 속에 나오던 멋진 주인공들을 동경하며 빨리 어른이 되고 싶었다. 어른이 되기만 하면 하고 싶은 일만 하면서 멋지게 살 줄로만 알았다. 그러나 어른이 되어 마주한 현실은 그 시절에 본 TV 속 이야기와 같지 않았다. 노력 없이는 동경하던 그들처럼 될 수 없었다. 남들처럼 취업 전쟁에 뛰어들어야 했고 이력서에 한 줄 더 쓰기 위해 젊음이라는 값진 대가를 치러야 했다.

어렵사리 취업하고 느낀 첫 출근의 감격도 잠시였을 뿐, 또다시 남들에게 뒤처지지 않기 위해 월화수목금금금, 차가운 새벽 공기를 벗 삼아 숨 가쁘게 달려왔다. 그렇게 불꽃같은 십수 년의 세월을 보내고 어느 날 문득 뒤돌아보니 나의 벚꽃 같았던 청춘은 어느새 흩날려 사라져버렸고, 그 자리에는 늘어난 뱃살과 숫자일 뿐이라던 나이가 남아 있었다. 어린 시절 꿈 많던 소년은 어디론가 사라지고 남들의 기대치를 맞추려 애쓰고 있는 어른인 내가 있었다.

그러나 나도 모르게 훌쩍 어른이 된 내 인생에 감사하고 행복한 일이 있다면, 바로 사랑하는 아내와 아이라는 이름의 영원한 내 편이 생긴 것이다.

다만 현실에서 마주한 육아는 상상 이상의 전쟁이었다. 씻는 것은 고사하고 제시간에 밥을 챙겨 먹는다는 것은 사치였으며, 잠 한번 푹 자보는 게 소원이 되었다. 그런 세월이 눈코 뜰 새 없이 지나가고 어느새 아이는 제 생각을 말하고 나와 같이 뛰어놀 만큼 자랐다.

아이는 이따금씩 기발한 상상과 꿈같은 이야기를 쉴 새 없이 조잘거리며 눈을 반짝인다. 그 모습을 보며 꿈이 가득했던 내

어린 시절을 떠올린다. 그러면서도 순간순간 나도 뻔한 어른이 되어 세상의 기준으로 내 아이에게 조바심을 내고 있는 건 아닐까, 되돌아보게 된다. 걸음마가 좀 느리다고 혹은 말이 서툴다고, 또래보다 조금 늦을 뿐인데 안절부절못하며 빨리 남들과 같아지기를, 같은 속도로 달려가기를 바라고 있던 것은 아닐까?

　아이는 앞으로 성장해가며 수많은 시행착오와 방황으로 주저앉을지 모른다. 그럴 때 달려가 일으켜주기보다 한 발짝 물러나 천천히 기다려주며 응원해주고 싶다. 넘어져도 되고 잠시 방황해도 된다고, 잠시 쉬어가도 괜찮다고 등 두드려주고 싶다. 아이가 꿈을 꿀 때 같이 꿈꾸고 싶다. 그게 아무리 허무맹랑한 꿈이라도, 공상과학 소설 같은 얘기일지라도 천천히 듣고 같이 고민하고 싶다. 아이가 일찍 철들기보다는 꿈 많은 아이와 같은 어른으로 커나가기를 바란다.

　나도 아이를 키우며 배우고 성장하고 있다. 아이가 첫 걸음마를 떼던 날처럼 나도 한 걸음씩 천천히 나아가고 있다. 아이가 꿈을 꾸듯 나도 꿈을 꾸며, 아이에게 모든 것이 완벽하지 않아도 되고 완벽하려고 노력하지 않아도 된다고 말해주듯 나 스스로에게도 말해주고 싶다. 여전히 하고픈 것도 많고 꿈도 가득한 소년이 내 안에 있기 때문이다.

　그리고 그게 나만은 아닐 거라고 생각한다. 취업 준비로 힘겨울 취준생도, 졸음을 참아가며 일하는 직장인도, 전투 육아에 여념이 없을 엄마, 아빠들도 저마다 가슴속에는 꿈 많은 소년 소녀가 살고 있지 않을까? 세상은 우리에게 이미 어른이라 말하고 세상의 기준을 들이대지만, 사실 우리는 여전히 성장하고 있는 어른아이가 아닐까?

　그래서 '스틸 보이'를 그리기 시작했다. 단순한 고군분투 코믹 육아 일기처럼 보일지 모르지만 이것은 한 남자의 성장기이다. 내 이야기이기도 하지만 우리의 이야기일 거라고 믿는다. 결혼을 했든 아니든, 아이가 있든 없든 모두가 매 순간 고군분투하며 앞으로 나아가고 있으니까.

　현실에 치여 한쪽에 밀어 넣어두었을 그 꿈들을 응원한다. 조금은 철없고 부족해도, 여전히 방황하고 있더라고 괜찮다고 말하고 싶다. 우리는 지금도 여전히 성장 중이니까.

2017년 여름, SE OK

CONTENTS

INTRODUCTION ⓒ 6

°#1 BEGINNER

100KG · 청천벽력	⑯		RECIPE · 맛집	㊳
DEEP SLEEP · 요가의 달인	⑱		AM 1:00 · 긴 하루	㊵
MORE! MORE! · 탄산수 중독	⑳		RAINING MEAL · 폭쌀주의보	㊷
LIAR · 6번째 가진통	㉒		MASSAGE · 엄마 화장품	㊹
15HOURS	㉔		SWEET DREA · 스킬 +1	㊻
HELLO · 첫인상	㉖		MUTE · 등 센서	㊽
COSTUME PLAY · 모유 수유	㉘		BATTLE IN DREAMS · 여긴 어디 난 누구	㊿
GOOD NIGHT · 밤중 수유	㉚		SELFIE · 점프 샷	㊾
COUNTDOWN · 나만 바라봐	㉜		GET OUT · 누구세요	㊾
SQUAT · 육아 다이어트	㉞		KETCHUP · 공복	㊾
WHITE NOISE · 잠투정 해결사	㊱		PRISON BREAK · 탈출	㊾

WARNING · 화생방 훈련	60
BOOSTER · 에어백	62
MY PRECIOUS · 고해성사	64
EXPLORER · 냉장고를 부탁해	66
DAD'S RADAR · 진퇴양난	68
TERROR · 바다 탐험대	70
LUNCH · 5분의 여유	72
FIRST STEP · 걸음마 보조기	74
VS. · 의문의 1패	76
GENIUS · 부모의 흔한 착각	78
JUST ONE · 나도 좋아해	80

RUSH · 나온다 나와	82
SHARE · 배려의 아이콘	84
ZOO · 방패	86
MART RESTROOM · 방심	88
FREEDOM · 처가 가는 날	90 » 93
PROFESSIONAL · 육아 만렙	94
PLEASE · 날 버리지 마	96
MOM CREW · 어린이집 학부모 기념 촬영	98

CONTENTS

˚#2
STILL BOY

WEEKEND · 휴일 ... 102	NEVER ENDING · 정리만 3시간 째 ... 124
LEVITATION · 공중 부양 ... 104	BIG SCALE · 엄마 퇴근 10분 전 ... 126
RIDER · 현상 수배 ... 106	SHADOW PLAYS · 승부욕 ... 128
MY PRINCESS · 내 꺼야 ... 108	MY NEIGHBOR · 안녕하세요 ... 130
YOGA KING · 숨바꼭질 ... 110	NEW · 새 차를 사는 법 ... 132
CLIMBING · 엄마는 외출 중 ... 112	FOLLOW ME · 좋게 말할 때 내려 ... 134
BODYGUARD · 엄마 마중 ... 114	ROCK STAR · 목욕가왕 ... 136
CHANNEL · 축구 VS. 만화 ... 116	CAMPFIRE · 남자의 용기 ... 138
MY TURN · 아빠의 음악 교실 ... 118	OOPS · 가스 조심 ... 140
HANSEL & GRETEL · 녀석의 흔적 ... 120	BILL SHOCK · 카드 명세서 ... 142
BALL POOL · 세신사 ... 122	ALPHABET CARD · 타짜 ... 144

ATTACK · 평화의 상징 ⒁⑥

TAXI · 좀처럼 서지 않는 너 ⒁⑧

MISTAKE · 불꽃 싸다구 ⒂⓪

HALLOWEEN · 보호 본능 ⒂②

WINTER BREAK · 이불 밖은 위험해 ⒂④

APT. AWARD · 3동 부녀회장 당선 ⒂⑥

CHEESE · 잘났다 정말 ⒂⑧

GO OUT · 아빠의 꼼수 ⒃⓪

DON'T GO · 잠깐만요 ⒃②

ROBOT CLEANER · 청소 국가대표 ⒃④

TRANSFORMATION · 무한 변신 ⒃⑥

THE READER · 책 읽어주는 남자 ⒃⑧

COME BACK · 보이지 않는 위험 ⒄⓪

ANNIVERSARY · 결혼기념일 ⒄②

CONTENTS

#3
HERO

ARTIST · 풀 메이크업 ⑰⑥	BROKEN · 습격 ⑲⑧
BLACK FRIDAY · 엄마의 쇼핑 ⑰⑧	X-MAS · 아빠 안 자고 머해 ②⓪⓪
COLLECTOR · 극한의 직업 ⑱⓪	BOARDING TIME · 출발 3분 전 ②⓪②
SORRY · 재채기 ⑱②	PHOTOGRAPHER · 즐거운 조연 ②⓪④
BUFFERING · 외출 준비 ⑱④	BALLERINA · 나의 공주님 ②⓪⑥
DRAWING A MAP · 딸바보 ⑱⑥	KNOCK · 똑, 똑, 똑 ②⓪⑧
HARD TRAINING · 안아줘 ⑱⑧	GOOD MORNING · 주말 아침 ②①⓪
TWINS · 익숙한 느낌 ⑲⓪	KIDS MAN · 골병나무 ②①②
ENDLESS · 아빠 어디가 ⑲②	CHEAT · 치과 가는 법 ②①④
AFTER THE HOLIDAYS · 연휴 후유증 ⑲④	CHILDREN'S DAY · 왕의 귀환 ②①⑥
NOOOOOO~! · 이건 꿈일 거야 ⑲⑥	DEAL · 은밀한 거래 ②①⑧

VIRUS · 감기의 경로 ⓰

OH MY GOD · 남은 할부 18개월 ⓲

NO DIVING · 우리 애 아니에요 ⓴

2 VS. 1 · 고독한 승부사 ㉖

TAYO BUS · 기다려도 오지 않는 너 ㉘

BANG · 명배우 ㉚

BE QUIET · 생각하는 사람 ㉜

D-DAY ㉞

GOOD BYE · 육아휴직 끝 ㊱

**
저자의 감각적인 태그를 살리기 위해 표기와 맞춤법은
저자의 뜻을 반영하였습니다.

BEGINNER
#1

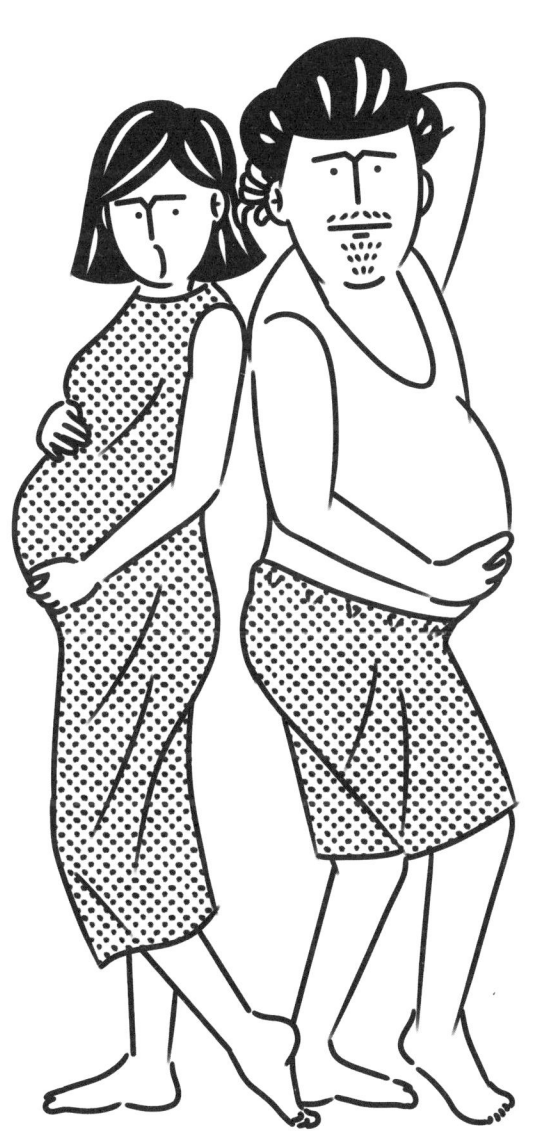

100KG ˚ 청천벽력

#만삭 #입덧 후유증 #내가 0.1톤이라니
#나만 찔 수 없지 #부부는 일심동체

DEEP SLEEP ˚ 요가의 달인

#임신부 요가 #누운 나비 자세
#임신부 같은 임신부 아닌 임신부 같은 너
#고급 기술 #자연스럽게 잠들지 마 #숨겨진 재능 발견

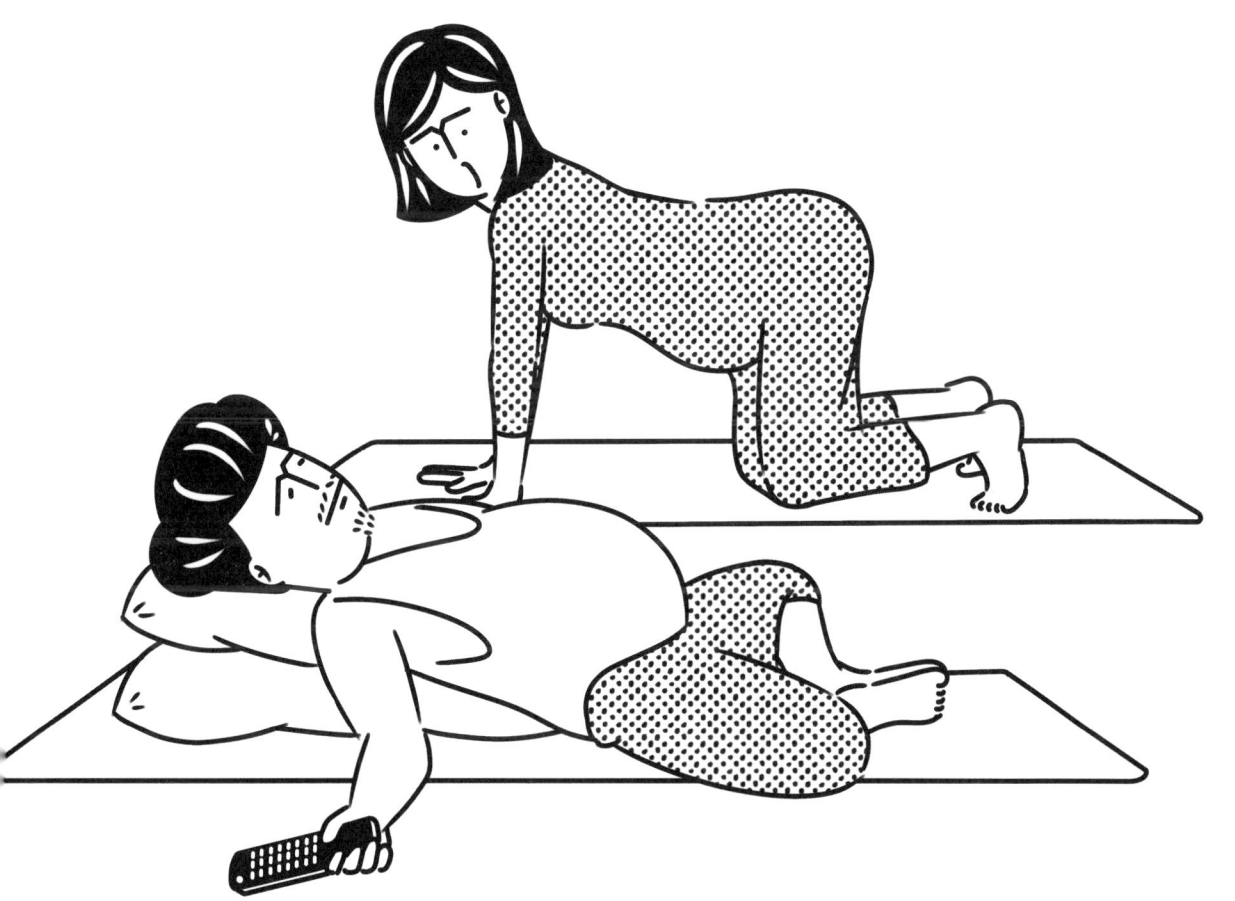

MORE! MORE! °탄산수 중독

#풀리지 않는 갈증 #99퍼센트 부족한 무알콜
#말아주세요 #술도 아닌 것이 물도 아닌 것이 #간절한 맥주 생각

LIAR °6번째 가진통

#오늘은 나올 거니 #양치기 아기 #우린 준비됐어
#조리원 짐 싸기 달인 #차까지 가는 길이 체감 100미터

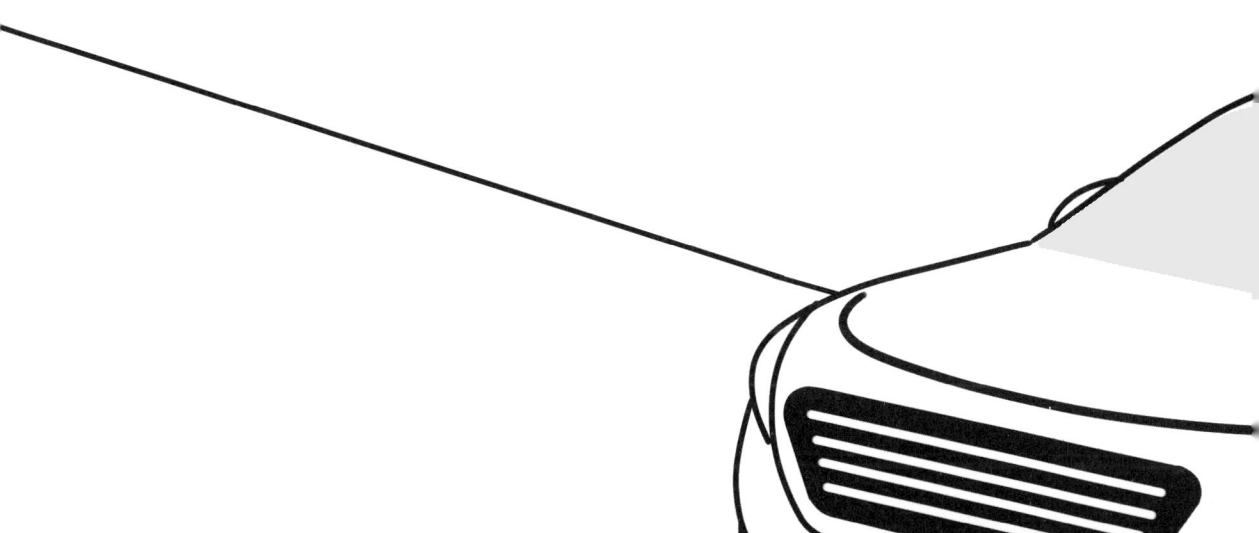

15HOURS

HELLO ˚ 첫인상

반가워 # I AM YOUR FATHER # 못생김 주의 # 놀라지마
부담스러운 시선 # 보고 또 보고 # 유리창 뚫을 기세

COSTUME PLAY ˚ 모유 수유

#엄마가 외출한 사이 #엄마 코스프레 #젖몸살 제로

GOOD NIGHT °밤중 수유

#잠 좀 푹 자보는 게 소원 #만성 수면 부족 #조준 실패
#이러다 다 깨울 기세 #뱃속에 있을 때가 천국이라더니

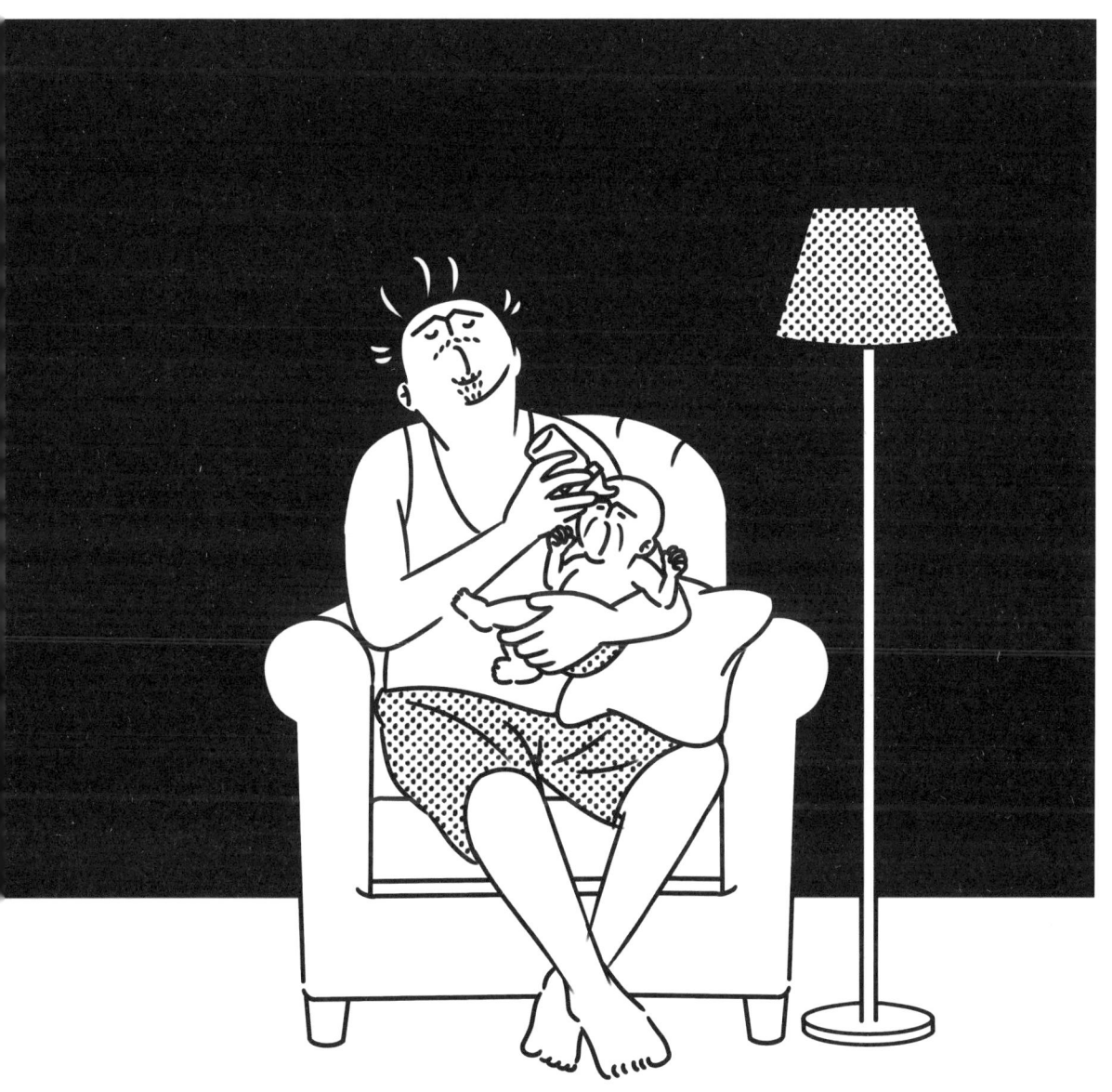

COUNTDOWN °나만 바라봐

#3일 만의 샤워 #주어진 시간은 30초 #1년 같은 1분
#똥 쌀 시간도 없음 #바운서 졸업 시즌 #육아는 장비발

SQUAT ˚ 육아 다이어트

#열 헬스장 안 부러운 홈 짐 #올 여름에는 식스팩
#그러나 작심삼일 #다이어트는 내일부터

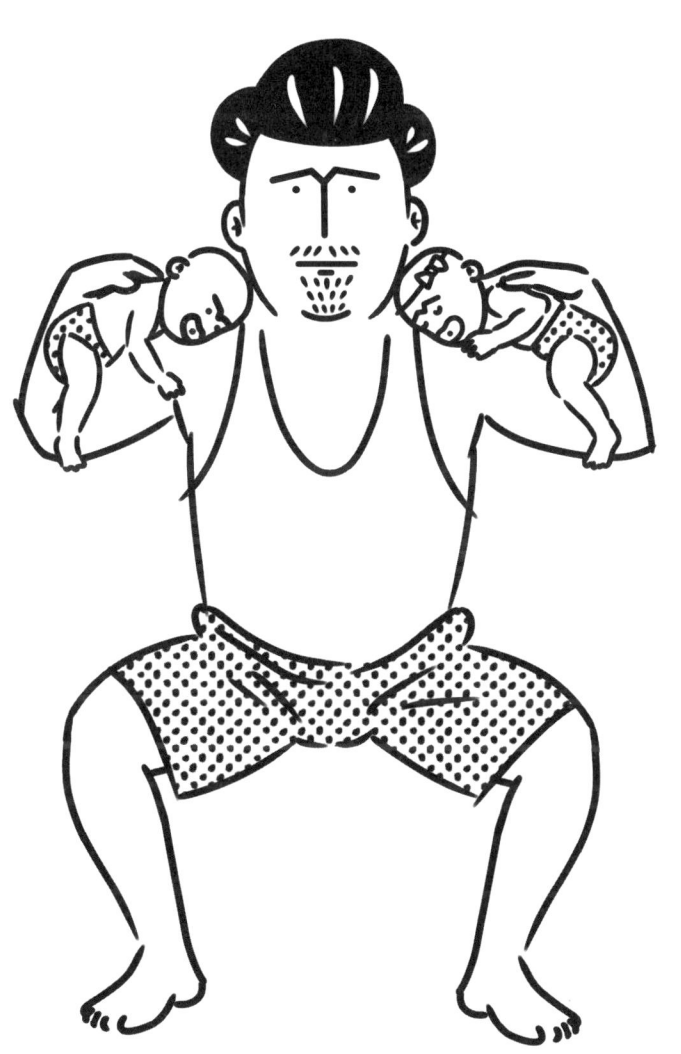

WHITE NOISE °잠투정 해결사

\# 백색소음 끝판왕 # 신생아 재우는 법 # 인간 짐볼 머신
\# 2시간은 기본 # 멈추면 깨는 것은 함정 # 쉬쉬거리다 목이 쉼

RECIPE ˚ 맛집

\# 오늘은 내가 요리사 \# 육수 만드는 게 일 \# 중기 이유식
\# 농도 조절이 관건 \# 설거지만 한가득 \# 한 끼만 줍쇼
\# 배달 이유식이 답인가

AM 1:00 °긴 하루

저녁 일과 끝 새벽 일과 준비 # 진정한 노가다 # 손목이 너덜너덜
육아의 훈장 # 파스 파워 # 잠시 휴전 #〈록키〉BGM

RAINING MEAL ˚ 폭쌀주의보

\# 이유식 전쟁 \# 하늘에서 쌀이 내려요 \# 머리카락 속에 밥알이
\# 밥만 잘 먹어도 효도 \# 이유식 목욕 \# 진상 손님 \# 너만 축제
\# 자다가 봉변 \# 매번 왜 이래 \# 내 이유식이 맛없나

MASSAGE ˚ 엄마 화장품

엄마 건데 # 우린 죽었다 # 수입 화장품
난 소중하니까 # 한 번에 한 방울씩 # 보습은 필수
전지현처럼 될 거야 # 꽃보다 인형

SWEET DREAM °스킬 +1

아빠표 바운서 # 날로 늘어가는 꼼수 # 섬세한 손놀림
일타이피 # 멈추면 깨는 것은 함정

MUTE °등 센서

\# 쉿 # 예민한 등 센서 # 100일의 기적은 개나 줘 # 3시간의 사투
\# 문지방에 발 찧었을 때 # 겪어본 자만 아는 고통 # 고요한 비명

BATTLE IN DREAMS °여긴 어디 난 누구

\# 발차기 금지 # 방귀 금지 # 도대체 무슨 꿈을 꾸는 거니
\# 내 자리는 어디에 # 침대와 벽 사이 # 잘 때까지 전투 육아

SELFIE ˚점프 샷

**# 등짝 스매싱 예약 # 침대는 과학 # 인생 샷
사랑의 총알 # 애교쟁이**

GET OUT ° 누구세요

#아무나 문 열어주지 말랬어요 #니 아빠야 #까꿍의 무한 반복
#좋은 말씀 전하러 왔습니다 #그래봐야 집주인 마음

KETCHUP ˚ 공복

#오후 2시 아점 # 먹방 스킬 # 앉아서 먹는 건 사치 # 생존의 법칙

PRISON BREAK ˚탈출

\# 왠지 조용하다 했더니 \# 밥 한술 뜨자마자 사고 \# 낮은 포복의 달인
\# 더럽고 위험한 거 찾아내는 데 선수 \# 아빠는 장애물 넘기 선수
\# 미션임파서블 \# 현관 안전문 \# 높이 조절 실패

WARNING ° 화생방 훈련

먹자마자는 반칙 # 하루에도 열두 번 # 내 새끼라 가능
도대체 뭘 먹은 거니 # 매직캔은 필수

BOOSTER ˚ 에어백

\# 업힐 \# 전력 질주 \# 아빠와의 우연한 스킨십 \# 의도와는 다른 애착 형성

MY PRECIOUS ˚고해성사

#뭔지는 모르지만 내가 다 잘못했어 #호흡 곤란 #아는 신 총 출동
#제발 #심장 발작 #보물 1호

EXPLORER °냉장고를 부탁해

방금까지 자고 있었는데 # 헬게이트 오픈 # 냉장고 탐험가
클라이밍 # 일복 터진 하루 # 운수 좋은 날 # 원형탈모의 원인

DAD'S RADAR °진퇴양난

아빠의 촉 # 붙이면 떼고 붙이면 떼고 # 물고 뜯고 씹고 즐기고
출산 전과 다른 인테리어
내 취향은 안드로메다로

TERROR ˚ 바다 탐험대

이건 꿈일 거야 # 현실 부정 # 조용하면 사고 # 해적 출현
방심은 금물 # 24시간 감시 필수

LUNCH °5분의 여유

\# 맛을 느끼는 건 사치 \# 밥을 흡입하는 방법 \# 먹방의 스킬
\# 소화제를 달고 사는 이유 \# 배달 음식이 최고

FIRST STEP ˚ 걸음마 보조기

\# 첫 걸음마 # 역사적인 순간 # 누워 있는 꼴은 볼 수 없다
\# 남아나지 않는 머리털 # 프로레슬러의 등장

VS. ˚의문의 1패

#남자의 자존심 #승자의 여유 #기저귀여 안녕
#배변 훈련은 아빠와 함께 #드디어 유아 변기 청소 탈출

GENIUS ° 부모의 흔한 착각

#우리 애가 말이야 #책만 봐도 영재 #초점 책인 건 함정
#자식 자랑 #아무렴 어때

JUST ONE °나도 좋아해

딸기 덕후 # 너만 입이냐 # 나도 먹을 줄 알아 # 딸기 값이 금값
아빠 한 입만 # 내가 먼저야 # 비타민 부족

RUSH ˚ 나온다 나와

일촉즉발 # 힘 주지마 # 다른 생각해 # 꼭 찾을 때는 없는 화장실
남자 화장실은 2층에 # 아빠는 우사인 볼트

SHARE ˚ 배려의 아이콘

일상다반사 # 우유 엎지르는 건 국가 대표 # 하루 3번은 기본
걸레질 데자뷔 # 도 닦는 심정 # 좋은 건 나눠 먹기 # 빨대컵은 필수

ZOO ˚방패

#조류공포증 #손 조심 #너를 위해서라면 #익룡 아닌가요
#날지 못해서 그나마 다행

MART RESTROOM ˚방심

\# OMG # 천 년 같은 1초 # 아직 안 끝났어 # 힘만 줬을 뿐인데
\# 회심의 일격 # 안녕하세요

FREEDOM ˚처가 가는 날

#1년에 한 번 있을까 말까한 휴가 # 1박 2일 # 이젠 뭐하지

\# 소파와 한몸 되기

\# 치맥 예약
\# 오늘이 내 생일인가

\#1분 1초 같았던 1박 2일
\#완전 범죄를 꿈꾸다

PROFESSIONAL ˚ 육아 만렙

외출 준비만 반나절 # 바바리맨 아니에요
우리 동네 위기 탈출 넘버원 # 육아는 집에서 # 집 나가면 개고생

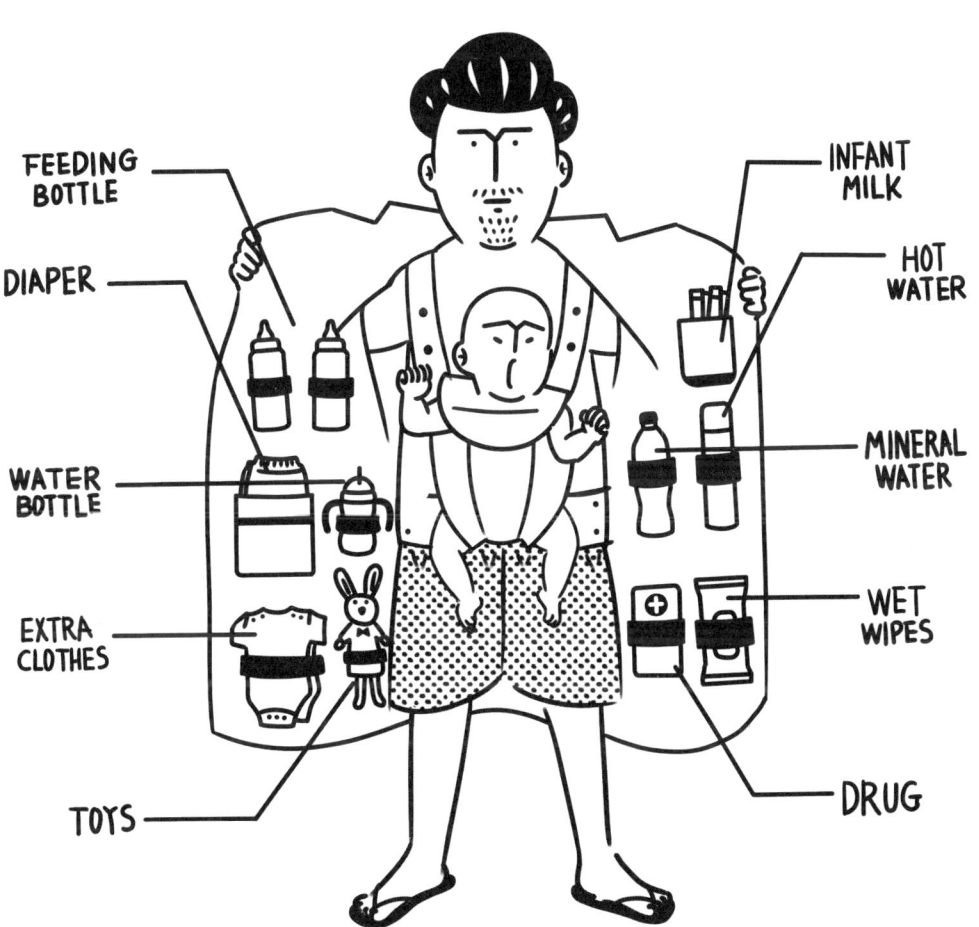

PLEASE °날 버리지 마

#아내는 육아휴직 끝 #독박 육아 #가려거든 날 밟고 가시오
#칼퇴는 사랑입니다 #회식 금지 #퇴근할 때 맛난 거 약속

MOM CREW ˚어린이집 학부모 기념 촬영

#까꿍 #제발 여기 좀 보세요 #개성 강한 아이들
#제각각의 컨디션 #쉽지 않은 아기 단체사진

STILL BOY
#2

WEEKEND ˚ 휴일

#5분만 #주말마다 이럴 거야 #안 일어나면 나 혼자 외출한다
#아빠랑 재미있게 놀고 있어
#늘어가는 협박 스킬 #모자 사기단

LEVITATION ° 공중 부양

걷지 않는 아이 # 항상 피곤한 이유 # 팔 빠지는 소리
유모차는 전시용 # 너만 즐거운 외출 # 강제 근력 운동
10미터 가는 데 30분

RIDER ° 현상수배

\# 도둑 잡아라 \# 형 같은 아빠 \# 스피드 마니아
\# 엄마가 지켜보고 있다 \# 두 발 자전거 시험 운행 중

MY PRINCESS ° 내 꺼야

\# 먹지 마 \# 내 생일인데 \# 공주 덕후 \# 엘사 \# 나의 공주님
\# 놓치지 않을 거예요

YOGA KING ˚숨바꼭질

\# 꼭꼭 숨어라 \# 끝나지 않는 술래 \# 수면을 취하는 법
\# 장롱 밑이 어둡다 \# 통아저씨의 수제자

CLIMBING °엄마는 외출 중

#실내놀이의 새로운 발견 #아빠의 도전 #원숭이 부자
#그 아버지에 그 아들 #아빠 따라쟁이

BODYGUARD ˚엄마 마중

#엄마 퇴근 시간 # 위험한 골목길 # 엄마는 우리가 지킨다
#출동 준비 # 변신 # 5분 대기조 # 동네 창피

CHANNEL ˚ 축구 VS. 만화

#나도 좀 보자 #만화만 2시간째 #헤드락 #UFC
#본방 사수 #채널 사수

MY TURN ˚ 아빠의 음악 교실

\# 아빠에게 애를 맡기면 안되는 이유
\# 맛세이 금지 \# 세상에서 제일 집중한 순간 \# 프로의 긴장감
\# 사탕 똑바로 들어 \# 아빠 저승 예약

HANSEL & GRETEL ˚녀석의 흔적

\# 제발 앉아서 먹어 # 과자 부스러기
\# 난 니가 5분 전에 한 일을 알고 있다 # 10분 전에 청소했는데
\# 핸디 청소기 # 육아 필수템 # 집에 쥐가 있나

BALL POOL ˚세신사

볼풀공 세척 # 공 개수 800백 개 # 아직 375번째 공
손목터널증후군 # 말리는 것도 일
가만히 있는 게 도와주는 것 # 하루에 10개씩 숨기기

NEVER ENDING °정리만 3시간 째

\# 머나먼 집안일 \# 빨래 지옥 \# 설거지도 해야 되는데
\# 스피드가 생명 \# 공든 탑은 무너진다

BIG SCALE °엄마 퇴근 10분 전

눈 깜짝할 사이 # 그림일기 # 너는 괜찮지 # 나는 멘붕
크레파스 지우는 법 # 전쟁의 서막

SHADOW PLAYS °승부욕

#약육강식의 세계 #질 수 없지 #화려한 손기술 #동물의 왕국

MY NEIGHBOR ˚안녕하세요

#철수 어머니 #잘 지내시죠 #5세 이상 탑승 금지
#앉기만 했을 뿐인데 #놀이터 블랙리스트

NEW ˚ 새 차를 사는 법

#부전자전 # 여기 큰아들 추가요
우리 아빠가 달라졌어요 # 웬수 같은 당신

FOLLOW ME ° 좋게 말할 때 내려

#목숨이 두 개 #〈ET〉를 꿈꾸는 아빠 #엄마는 폭발 직전
#엄마가 힘이 세지는 이유 #공포의 오르막
#용량 초과 #분노의 질주

ROCK STAR °목욕가왕

\# 매달 수도세가 많이 나오는 이유 \# 절대음감 \# 사나이들의 대화
\# 오디션 준비 \# 판타스틱 듀오

CAMPFIRE °남자의 용기

위험한 것 좀 하지마 # 애가 따라하잖아
오늘도 등짝 스매싱 예약 # 아빠 따라쟁이 # 자나깨나 불조심

OOPS ˚ 가스 조심

\# 가스 밸브 잠그고 나오셨나요 \# 겨울철 안전 점검
\# 괄약근 조절 실패 \# 방귀 대장 \# 싼 거 아니야 \# 뭘 드셨길래

BILL SHOCK ˚ 카드 명세서

#엄마는 심기 불편 #생활비 빵꾸 #눈치껏 청소 #주인님의 분노
#인터넷 쇼핑 금지 #가랑비에 옷 젖는 줄 모른다

ALPHABET CARD ˚타짜

#낱말카드 놀이 #맞추면 사탕 하나 #집중력 5분의 비밀
#의도와는 다르게 아빠의 집중력 향상
#동작 그만 #밑장 빼기 기술 #시작부터 장난질이냐

ATTACK ˚ 평화의 상징

#기습 #비둘기만 보면 달려가는 너 #비둘기와의 전쟁 선포
#조류 공포증 #새우깡 금지

TAXI ˚ 좀처럼 서지 않는 너

#일행 아니에요 #배낭이에요 #30분째 #히치 택시킹
#그 많던 택시는 어디에 #섹시 보이 #노출증 아닙니다

MISTAKE °불꽃 싸다구

\# 엄마다 # 아직 퇴근 시간 아닌데 # 같은 옷 다른 여자
\# 제가 안 그랬어요 # 풀스윙 # 배구 하셨나봐요

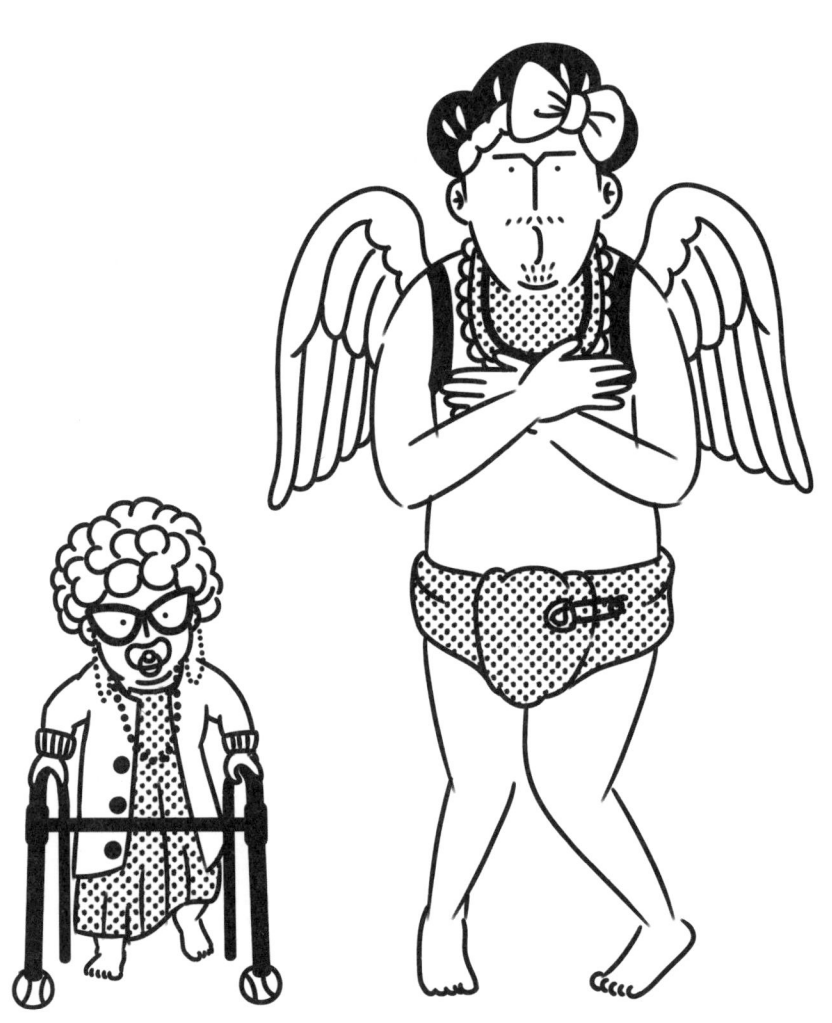

HALLOWEEN °보호 본능

#14개월 할머니와 464개월 신생아 #노인 공경 #할로윈
#걸음마 보조기 #제작 기저귀

WINTER BREAK ˚이불 밖은 위험해

#올 겨울 최강 한파 #영하 15도 #한파주의보
#추위도 모르는 너 #온수 매트 최고

APT. AWARD °3동 부녀회장 당선

#3년 연속 당선 # 주민 만장일치 # 부녀회장인데 왜 나를
소통하는 부녀회장 # 곧 전세 기간 만료 # 이사가야 하는데

CHEESE ˚ 잘났다 정말

\# 가족 사진 \# 우리집만 이런가요 \# 이러지 마 \# 얼굴 몰아주기
\# 사진 찍을 때마다 왜 이래 \# 최강 못난이들

GO OUT ˚ 아빠의 꼼수

\# 집에서 그럴 거면 나가 \# 집 밖은 위험해
\# 어릴 적 꿈은 축구 선수 \# 마음만큼은 올리버 칸

DON'T GO ˚잠깐만요

#유치원 버스 #오늘도 지각 #한 명 덜 탔어요
#어제와 같은 오늘 #데자뷔 #늘 부족한 아침 시간

ROBOT CLEANER ° 청소 국가대표

#출동 로봇 청소기 #청소는 우리에게 맡겨둬 #아이와 대청소
#우리끼리 동계 올림픽 #이번 종목은 컬링

TRANSFORMATION ˚ 무한 변신

#빨리빨리 #도와줘요 캐리 #설명서 없인 불가능 #늘어가는 로보트
#하나 더 사야 합체 가능 #무한 반복은 기본 옵션

THE READER ° 책 읽어주는 남자

결혼 앨범 # 없어진 한 장 # 그땐 둘이었는데 # 넓은 데 놔두고 굳이
수면제 # 만성 피로 # 내 허벅지

COME BACK ˚ 보이지 않는 위험

#마트에서 집으로 돌아가는 길 #뭔가 놓고 온 기분
#뒤통수가 따가운 건 기분 탓이겠지 #엄마의 분노

ANNIVERSARY ° 결혼 기념일

\# 누구를 위한 기념일인가 \# 폭발 직전 \# 인내심 테스트
\# 참을 인(忍) 백 번 \# 앉아 있어 그나마 다행 \# 잘못된 판단
\# 배달음식 시킬 걸

HERO
#3

ARTIST ˚풀 메이크업

원치 않는 VIP 고객 # 택배 왔습니다
나갈 수 없는 현실 # 딸바보

BLACK FRIDAY °엄마의 쇼핑

#같은 하트 다른 느낌 #니 건 직구 #내 건 소셜 #3개에 만 원
#부러우면 지는 거다

COLLECTOR ˚ 극한 직업

#뭘 찾는 거니 #하루에도 열두 번 #데자뷔 같은 일상
#끝없는 블록 지뢰 #발밑 조심 #오후 일과 시작 #이삭 줍기

SORRY ˚ 재채기

#한순간의 실수 #심정지 #너만 모르는 비밀
#뉴트렌드 헤어스타일 제안 #초보 미용사

BUFFERING °외출 준비

#준비만 2시간 째 #언제쯤 출발하려는 건지
#옷 좀 입자 제발 #세수나 하고 나가면 다행 #도 닦는 심정

DRAWING A MAP °딸바보

외출에는 무조건 목마 # 깜빡했다 # 배변훈련 기간
오줌싸개 # 등이 뜨거워

HARD TRAINING ˚안아줘

\# 시작된 헬게이트　\# 체감은 에베레스트　\# 기승전 안아줘　\# 지옥 훈련
\# 머나먼 여정　\# 잘못된 길　\# 여기 엘레베이터는 없나요

TWINS ° 익숙한 느낌

낯설지 않은 실루엣 # 아빠가 둘 # 동공 지진 # 탈출 판다 검거

ENDLESS ˚아빠 어디가

\# 이제 놀이터 갈까 \# 먼저 가 \# 난 이미 틀렸어 \# 벌써 저녁 8시
\# 끝나지 않는 하루 \# 그래도 너와 함께라면

AFTER THE HOLIDAYS °연휴 후유증

#몸이 움직이지 않아 #이미 소파와 한몸
#5분만 더 #1시 친구 결혼식 #대리 출첵

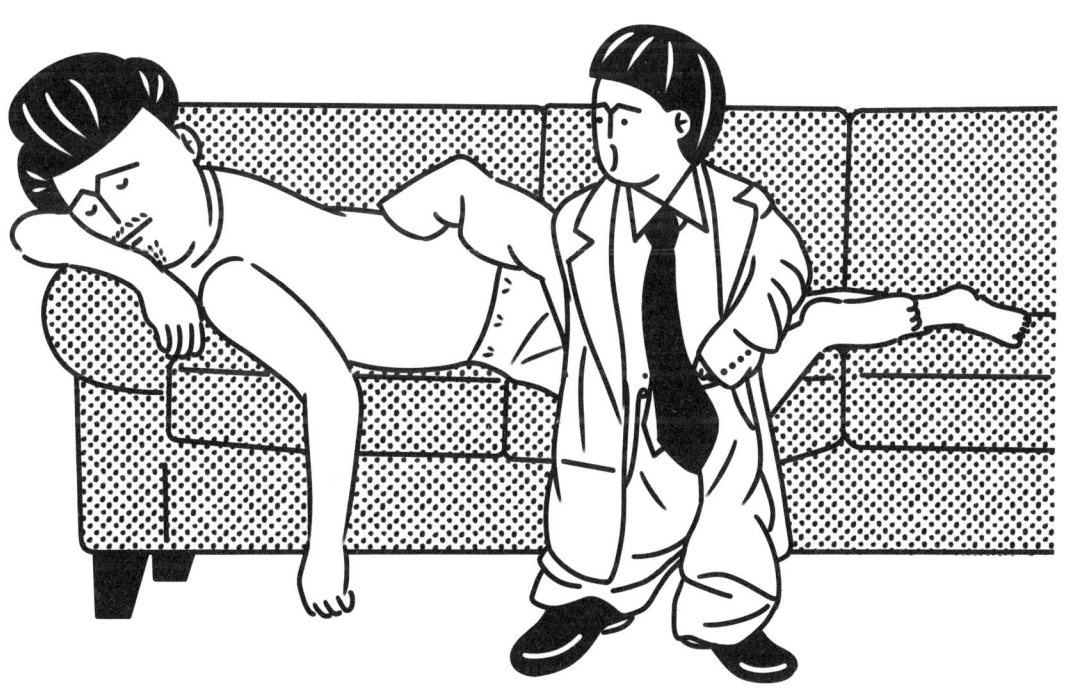

NOOOOOO~! °이건 꿈일 거야

#딸의 남자친구 #가슴이 아파 #안 돼 #제발 #품 안의자식

BROKEN °습격

#낮잠 자다 봉변 #신이시여 #내가 고자라니
#시련의 연속 #말로 설명할 수 없는 아픔

X-MAS ˚아빠 안 자고 머해

\# 두근두근 # 산타 변장 # 올해는 실패 # 엄마 닮아 눈치 백단
\# 도둑 아니에요 # 엄마 선물은 필수

BOARDING TIME ° 출발 3분 전

\# 뭔가 허전한 기분 \# 아들 어디 있어 \# 공항만 가면 항상 뛰는 이유
\# 면세점이 문제 \# 애타게 나를 찾는 방송

PHOTOGRAPHER ˚즐거운 조연

\# 같은 모델 다른 장소 # 늘어가는 사진 기술
\# 내 사진은 어디에 # 영정 사진 아님
\# 나중에 후회하지 말고 # 셀카봉은 필수

BALLERINA ˚ 나의 공주님

감동의 도가니 # 포즈만 취했을 뿐인데 # 준비 동작이 다인 건 함정

KNOCK ˚ 똑, 똑, 똑

#아빠 머해 #나 무서운 꿈 꿨어 #여기서 잘래 #24시간 밀착 감시
#둘만의 시간은 언제쯤

GOOD MORNING ˚ 주말 아침

\# 강제 모닝콜 \# 30분 전에 깼지만 눈을 뜰 수 없는 현실
\# 메소드 연기 \# 주말이면 깨우지 않아도 일어나는 아이들
\# 그런데 넌 누구니 \# 처형네는 여행 중

KIDS MAN ° 골병나무

#3단 합체 # 아빠 껌딱지들 # 애착형성 끝판왕 # 등 뒤는 누구세요

CHEAT ° 치과 가는 법

오늘 외식 어때 # 미끼를 물다 # 피자 먹는다고 했잖아요
살려줘요 # 세상에 공짜는 없다

CHILDREN'S DAY ˚ 왕의 귀환

어린이날 # 오늘 하루는 내가 왕
내일부터는 국물도 없음 # 어버이날 봅시다

DEAL ˚은밀한 거래

#아빠가 사랑받는 법 #소원 성취 #딸바보 #밀당 #사랑의 조건
#내년에는 곰인형으로 안 되겠지

VIRUS ˚ 감기의 경로

\# 아이의 감기 증상 \# 나한테 옮기고 완쾌 \# 대신 아프고 싶었는데 진짜 아프다
\# 건강하게만 자라다오 \# 옮고 옮기는 무한 루프

OH MY GOD ˚남은 할부 18개월

#애들 싸움에 핸드폰 터진다 #절규 #할부의 노예
#성할 날 없는 내 폰 #액정과 함께 부서진 가슴

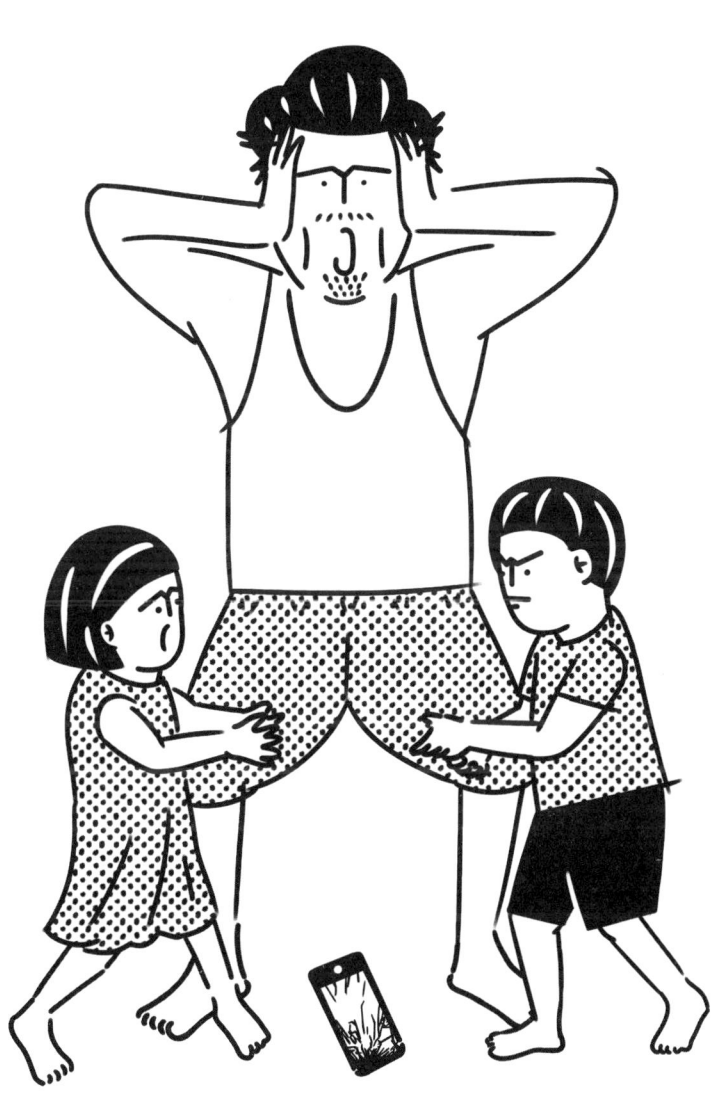

NO DIVING ˚ 우리 애 아니에요

혼자 왔어요 # 대중 목욕탕 # 방귀 금지 # 다이빙 금지
식사는 하셨습니까 # 쌍둥이신가봐요 # 용호상박

2 VS. 1 ° 고독한 승부사

\# 왜 항상 나만 적이야 # 악당 역할은 매번 내 차지
\# 지치지 않는 아이들 # 나만 몹쓸 저질 체력 # 놀이 매트는 필수
\# 비겁한 승부 # 내려찍기 금지

TAYO BUS °기다려도 오지 않는 너

#기다리고 또 기다리고 #반대편만 두 대째 #머피의 법칙
#강제 시내버스 투어

BANG °명배우

영화같이 사는 남자 # 한쪽은 액션 영화 # 다른 쪽은 메디컬 드라마
나 홀로 동시 출연 # 장르를 뛰어넘는 명품 연기

BE QUIET ° 생각하는 사람

쉿 # 심각한 분위기 # 비상사태 # 엄마한테 혼났나
아빠의 공간 # 시간과 정신의 방 # 로댕

1	2	3	4	5	6	7
8	9	10	11	12	13	14
15	⑯	17	18	19	20	21
22	23	24	25	26	27	28
29	30	31				

PARENTAL LEAVE IS OVER
D-DAY

GOOD BYE ˚ 육아휴직 끝

#가지 마요 #이제 동생이랑 안 싸울게요 #밥도 잘 먹을게요
#폭풍 콧물 #감동의 도가니 #나 오늘 칼퇴할 거야

of the still boy, by the

boy, for the still boy

SE OK °세옥

패션 그래픽 디자이너이자 일러스트레이터. 아이에게는 친구 같은 아빠이자 아내에게는 든든한 남편. 'NAVER 포스트'와 '그라폴리오'를 통해 자신의 육아 경험을 감각적인 그림과 태그에 담아 인기리에 연재 중이다.

of the still boy, by the still boy, for the still boy
STILL BOY

초판 1쇄 인쇄 2017년 7월 10일
초판 1쇄 발행 2017년 8월 1일

지은이 SE OK
펴낸이 유정연

주간 백지선
책임편집 김수진 **기획편집** 장보금 신성식 조현주 김경애 **디자인** 안수진 김소진
마케팅 임충진 이재후 김보미 **제작** 임정호 **경영지원** 전선영

펴낸곳 넥스트웨이브미디어(주) **출판등록** 제313-2003-199호(2003년 5월 28일)
주소 서울시 마포구 홍익로5길 59 남성빌딩 2층
전화 (02)325-4944 **팩스** (02)325-4945 **이메일** book@hbooks.co.kr
홈페이지 http://www.hbooks.co.kr **블로그** blog.naver.com/nextwave7
출력·인쇄·제본 (주)상지사 **용지** 월드페이퍼(주) **후가공** (주)이지앤비(특허 제10-1081185호)

ISBN 978-89-6596-226-7 03810

- 이 책은 저작권법에 따라 보호를 받는 저작물이므로 무단 전재와 복제를 금지하며, 이 책 내용의 전부 또는 일부를 사용하려면 반드시 저작권자와 흐름출판의 서면 동의를 받아야 합니다.
- 흐름출판은 독자 여러분의 투고를 기다리고 있습니다. 원고가 있으신 분은 book@hbooks.co.kr로 간단한 개요와 취지, 연락처 등을 보내주세요. 머뭇거리지 말고 문을 두드리세요.
- 파손된 책은 구입하신 서점에서 교환해 드리며 책값은 뒤표지에 있습니다.

이 도서의 국립중앙도서관 출판예정도서목록(CIP)은 서지정보유통지원시스템 홈페이지(http://seoji.nl.go.kr)와 국가자료공동목록시스템(http://www.nl.go.kr/kolisnet)에서 이용하실 수 있습니다.(CIP제어번호: CIP2017015397)

my는 넥스트웨이브미디어(주)의 생활·예술 에세이 브랜드입니다. Make your life, MY!